Francesca Bosca/Giuliano Ferri

Der Weg der Weisen

Ein Weihnachtsbilderbuch

Deutsche Bearbeitung von E. Möller-Giesen

HERDER FREIBURG · Basel · Wien

Kaspar ist ein weiser und großer Gelehrter,
der jeden Abend die Sterne am Himmel beobachtet.
Er wohnt in einer kleinen Hütte auf der Kuppe eines Hügels.
Nichts tut er lieber, als voller Bewunderung
den funkelnden Sternenhimmel zu betrachten.
Kaum daß der Himmel sich verdunkelt,
eilt Kaspar auf das Dach seines Hauses,
um von dort den Lauf der Sterne zu erkunden.

Am Tage sitzt Kaspar in seiner Studierstube
und liest viele, viele Bücher, bis es dunkel wird.
Doch sobald die Sonne untergegangen ist
und der erste Stern sich am Himmel zeigt,
geht er ans Fenster und verharrt dort,
in seine Gedanken versunken.

Eines Abends geschah etwas Wunderbares;
vor Freude konnte Kaspar kaum an sich halten und rief:
„Dort ist er! Endlich ist der Stern angekommen,
von dem ich schon so viel gelesen habe!"
Lange hatte er diesen Stern erwartet,
und nun sah er ihn ganz deutlich vor sich.
Er war schöner und funkelnder als alle Sterne,
die er bisher gesehen hatte.

Kaspar wußte, daß es jetzt Zeit war aufzubrechen,
um dem Stern zu folgen.
Denn er hatte in seinen Büchern gelesen,
daß dieser Stern ihm den Weg zu einem
ganz besonderen Kind zeigen würde.
So packte er alle wichtigen Dinge für die Reise zusammen,
verschloß sein Haus und machte sich auf den Weg.

Kaspar hatte schon einen langen Weg hinter sich,
als er plötzlich zu einem wunderschönen Palast
mit vielen kleinen Türmen und Fenstern gelangte.
Überwältigt vom hellen Glanz der Palastmauern,
stieg er von seinem Kamel.
Auch der Stern war stehengeblieben,
so daß Kaspar glaubte, er habe
das Ziel seiner Reise erreicht.

Am nächsten Morgen begegnete Kaspar im Palast
einem Mann namens Melchior, der ebenfalls
ein leidenschaftlicher Sternforscher war.
Kaspar schloß gleich Freundschaft mit ihm
und erzählte von seiner Reise und dem Stern,
dem er gefolgt war.
Lächelnd antwortete Melchior:
„Auch ich bin hierhergekommen,
um das Kind zu suchen, und glaube, es gefunden zu haben.
Denn ich habe erfahren, daß die Königin vor ein paar Tagen
ihren ersten Sohn zur Welt gebracht hat.
Vielleicht ist dies das Kind, das wir suchen.

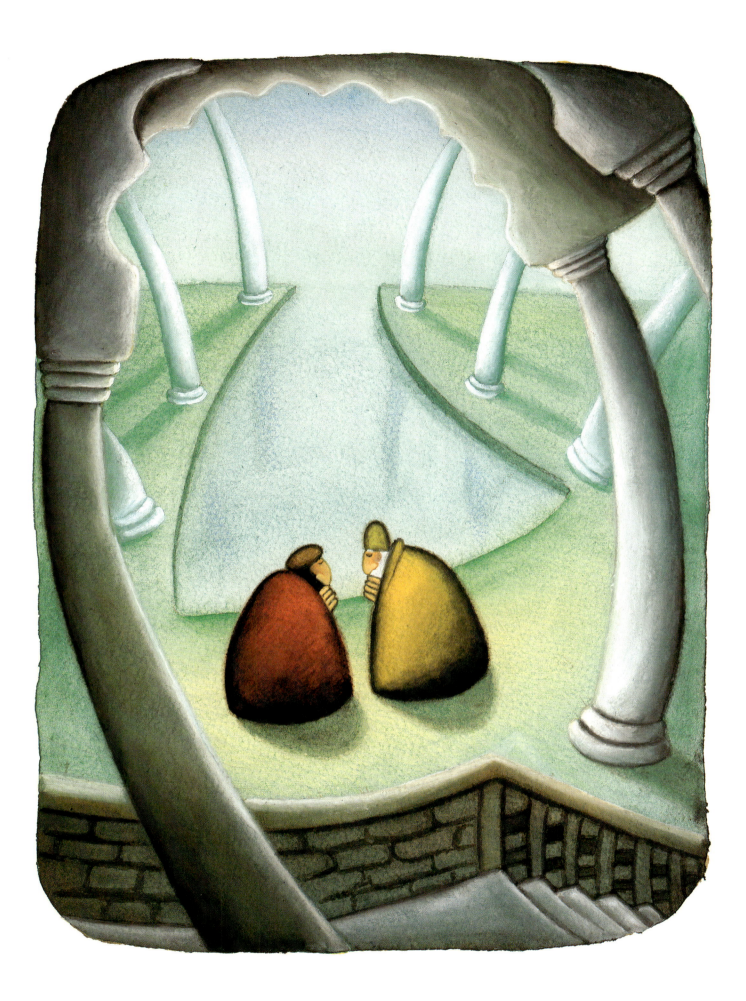

Gemeinsam gingen sie an den Königshof und baten,
das Kind sehen zu dürfen.
Als sie das Zimmer der Königin betraten,
sagte Kaspar staunend: „Erinnerst du dich,
was die alten Bücher berichten: Unendlichen Reichtum
soll dieses Kind den Menschen bringen,
und jeder Herrscher wird sich vor ihm verneigen."
„Ja, du hast recht", antwortete Melchior,
„es ist bestimmt dieses Kind".
Doch plötzlich wurde ihre Aufmerksamkeit abgelenkt:
der Stern hatte sich unbemerkt von dem Palast entfernt.

Sofort machten sich Kaspar und Melchior wieder
auf den Weg und folgten dem Stern.
Nach ein paar Tagen hielt dieser erneut an.
Vor ihnen lag eine so zauberhafte und prächtige Stadt,
daß es den zwei Freunden die Sprache verschlug.

Als sie die Stadt erreichten, machten sie sich
auf die Suche nach dem Kind.
Vor dem Königspalast trafen sie auf einen Mann,
der Balthasar hieß.
Sie erzählten ihm von ihren Erlebnissen.
„Auch ich bin dem Stern bis in diese Stadt gefolgt
und suche das Kind, von dem in meinen Büchern
so viel geschrieben steht", erwiderte Balthasar
und fügte hinzu: „Ich habe gehört, daß dem König
vor kurzem ein Kind geboren wurde.
Laßt uns hingehen und es anschauen."
Als sie vor dem Königssohn standen, erinnerte
sich Melchior
an die Prophezeiungen in den Büchern:
„Er wird ein mächtiger Mann
und König aller Heere sein."
„Das muß unser König sein", rief Balthasar.
Doch der Stern war auch dieses Mal
schon wieder weitergezogen.

Und wieder folgten die drei Weisen dem hellen Stern, der ihnen vorausging und ihnen den Weg zeigte. Traurig und müde waren sie: Vielleicht hatten sich die Bücher ja geirrt, oder vielleicht waren sie sogar die ganze Zeit einem falschen Stern gefolgt?

Die Reise wurde immer beschwerlicher.
Schweigend und in ihre Gedanken versunken
saßen die drei auf ihren Kamelen.
Plötzlich merkten sie, daß der Stern sie verlassen hatte:
er war nicht mehr zu sehen. Die drei Männer waren
ganz verwirrt, und Zweifel ergriff ihre Herzen.
„Nun sollten wir wohl umkehren und nach Hause gehen",
meinte Kaspar voller Enttäuschung.
Da unterbrach ihn Melchior und rief:
„Seht die hellen Lichter da drüben, das muß eine Stadt sein.
Vielleicht kann uns dort jemand weiterhelfen."
Jetzt hatten sie wieder etwas Hoffnung
und eilten in die Stadt, die Jerusalem hieß.

Am nächsten Tag gelangte die Nachricht
von der Ankunft
der drei Fremden in Jerusalem
an den Hof des Königs Herodes,
der als grausamer
und machtgieriger Herrscher bekannt war.
Sogleich ließ Herodes alle Gelehrten und Wissenschaftler
seines Reiches zu sich kommen und sprach zu ihnen:
„Es sind drei Männer in die Stadt gekommen,
die nach einem neugeborenen Kind suchen;
es soll der König aller Menschen sein.
Was bedeutet dies alles und wer ist dieses Kind?"
Die Gelehrten konnten die Sorgen des Königs nur
bestätigen, denn auch in ihren Büchern hatten sie
von diesem außerordentlichen Ereignis gelesen.
Herodes bekam Angst. Mit allen Mitteln wollte er seine
Macht verteidigen, auch wenn er dieses Kind töten müßte.
Er beschloß, sich mit den drei Fremden zu treffen
und mit ihnen zu sprechen.

Kaspar, Melchior und Balthasar freuten sich sehr über diese Einladung; der König würde ihnen bestimmt helfen! Doch es kam ganz anders.
Es war der König, der eine Frage nach der anderen stellte und alles über ihre Pläne und ihre Reise wissen wollte.
Bevor er sich von ihnen verabschiedete, bat er sie nachdrücklich: „Geht und sucht das Kind und gebt mir Nachricht, sobald ihr es gefunden habt, damit auch ich das Kind bewundern kann."
Beunruhigt verließen die drei Weisen den Palast: Herodes schien sich nicht über das bevorstehende Ereignis zu freuen!

Unsicher und verwirrt
ließen die drei Weisen Jerusalem hinter sich.
Nachdem sie einige Stunden unterwegs waren,
erblickten sie in der Ferne ein kleines Feuer,
mitten auf einer Lichtung.
Als sie näher kamen, sahen sie einen Hirten,
der am Feuer saß und seine Herde bewachte.
Er lud die drei Fremden ein,
sich zu ihm zu setzen, und Kaspar, Melchior
und Balthasar erzählten ihm von ihrer Reise.
Der Hirte dachte eine Weile schweigend nach.
Dann sagte er:
„Auf dem Weg nach Bethlehem
habe ich bei einer kleinen Hütte Rast gemacht.
Dort sah ich in einer Krippe ein kleines Kind liegen,
das erst vor kurzem geboren war.
Dieses Kind war zwar nicht von mächtigen Heeren umgeben,
wie es in euren Büchern geschrieben steht,
auch standen ihm keine Diener zur Seite.
Aber sein Anblick hat mich so berührt, daß ich
noch immer große Freude in meinem Herzen verspüre."

Der Hirte hatte die drei Weisen neugierig gemacht.
Sie baten ihn, sie zu der kleinen Hütte zu führen
und ihnen das geheimnisvolle Kind zu zeigen.
Da sahen sie auch wieder den hellen Stern,
der jetzt strahlender funkelte als je zuvor.

Als Kaspar, Melchior und Balthasar
die kleine Hütte erreichten und das Kind erblickten,
knieten sie nieder. Jetzt waren sie sicher,
den König der Liebe gefunden zu haben.
Ihr Herz erfüllte sich mit einer Freude,
die sie vorher nie empfunden hatten.

Alle Rechte der deutschen Ausgabe vorbehalten.
© Verlag Herder Freiburg im Breisgau 1992
ISBN 3-451-22838-6

Illustrationen: Giuliano Ferri
Text: Francesca Bosca
Deutsche Bearbeitung: Elisabeth Möller-Giesen
Titel der italienischen Ausgabe:
Cammina, Cammina...
© EDIZIONI PAOLINE s. r. l. 1991